D1720336

Titel der Originalausgabe: „Erase una vez . . . el renacimiento"
Aus dem Spanischen übertragen und bearbeitet von Christa L. Cordes

1. Auflage 1988
Alle Rechte der deutschsprachigen Ausgabe bei
Edition Michael Fischer, Stuttgart

© 1988 by Parramón Ediciones S.A., Barcelona

Herstellung und Satz:
Verlagsservice Henninger GmbH, Würzburg

Printed in Spain by Sirven Grafic, S.A.
Gran Via, 754 – 08013 Barcelona

ISBN 3-926651-07-5

Von
Künstlern, Fürsten
und Kaufleuten

Maria Rius
Glòria & Oriol Vergés

Von Künstlern, Fürsten und Kaufleuten

EDITION
MICHAEL FISCHER

Von Ende des 15. bis zur Mitte des 16. Jahrhunderts — diese Zeit nennt man die Renaissance — und noch lange darüber hinaus sorgten die Fürsten und der Adel in den meisten europäischen Ländern für das tägliche Brot der Dichter und Musiker. Sie wohnten in den Palästen, nahmen am Leben des Hofes teil und konnten in Ruhe arbeiten. Während bis dahin alle Schriftstücke in Latein oder Griechisch verfaßt worden waren, schrieben die Dichter nun in der Sprache, die allgemein gesprochen wurde. Deshalb konnten auch die einfachen Leute alle Texte lesen und verstehen.

Vom Fliegen oder Segeln über die Meere konnten die Menschen in der Renaissance nur träumen. Doch sie versuchten immer wieder, Maschinen zu erfinden, um diese Träume wahrzumachen. Viele ihrer Zeichnungen sind bis heute erhalten. Allerdings konnten die meisten Maschinen nicht gebaut werden, weil noch das notwendige Werkzeug und das richtige Material dafür fehlte. Die Leute interessierten sich damals nicht nur für die Technik. Sie untersuchten auch den menschlichen Körper und den Vogelflug, und sie malten herrliche Bilder.

Einer der größten Künstler der Renaissance, den man wegen seiner Vielseitigkeit ein Universalgenie nennt, war Leonardo da Vinci. Von ihm stammt die Zeichnung von einem „Flugapparat" und auch das berühmte Gemälde der „Mona Lisa".

Bis zum Beginn der Renaissance mußten in Europa alle Schriftstücke mit der Hand geschrieben werden. Um 1450 erfand der Deutsche Johannes Gutenberg in Mainz eine Druckmaschine mit „beweglichen Lettern", wie man die einzelnen Buchstaben nannte. Die Buchstaben wurden in Setzkästen nebeneinandergereiht, mit Druckerschwärze eingefärbt und anschließend auf ein Blatt Papier gepreßt. Endlich konnten die amtlichen Bekanntmachungen und die Werke der großen Dichter schnell und in großer Stückzahl unter das Volk gebracht werden. Die Studenten lernten auch die Schriften weit entfernt lebender Gelehrter kennen, und die wohlhabenden Bürger in den Städten konnten sich die Bücher kaufen und brauchten sie nicht mehr in den Bibliotheken der Klöster auszuleihen. Eines der bekanntesten Bücher aus jener Zeit ist die sogenannte Gutenbergbibel mit 42 Zeilen pro Seite, von der noch heute über vierzig Bände erhalten sind.

Zu dieser Zeit wollte der Papst in Rom die Peterskirche und seinen
Vatikanspalast so prächtig ausschmücken lassen, daß ihn nicht nur die
Menschen seiner Zeit, sondern auch nachfolgende Generationen noch
bewunderten. Er beauftragte die berühmtesten Künstler der Renaissance
damit, die Kapellen und die Räume des Vatikans auszumalen. Gemeinsam
mit ihren Schülern schufen sie gewaltige Wandgemälde, die Geschichten
aus der Bibel oder Szenen aus der griechischen und römischen Sagenwelt
zeigen. Einer der wichtigsten Maler und Bildhauer der Renaissance ist
Michelangelo. Er arbeitete vier Jahre an der Ausschmückung der
Sixtinischen Kapelle des Vatikans (das ist die Hauskapelle des Papstes).

Die Bildhauer entdeckten plötzlich die Statuen der alten Griechen und Römer wieder, die jahrhundertelang unbeachtet herumgestanden hatten. Um selbst so schöne Gestalten schaffen zu können, mußten sie zunächst einmal den Körper des Menschen besser kennenlernen.

Die Statuen oder Skulpturen, wie man sie auch nennt, wurden meistens aus riesigen weißen oder rosa Marmorblöcken geschlagen, die aus den Steinbrüchen von Carrara stammten. Außerdem gossen die Bildhauer gewaltige Bronzestatuen von Kriegern zu Pferde, die als Denkmäler die Plätze in den Städten schmücken sollten. Die Bürger waren sehr stolz auf diese Standbilder.

Michelangelo schuf auch wunderbare Skulpturen. Alle, die mit ihm zu tun hatten, wußten, daß er sehr zornig werden konnte, wenn man ihn bei der Arbeit störte. Eine seiner bekanntesten Statuen ist der „David", der vor dem Palast der Uffizien in Florenz steht.

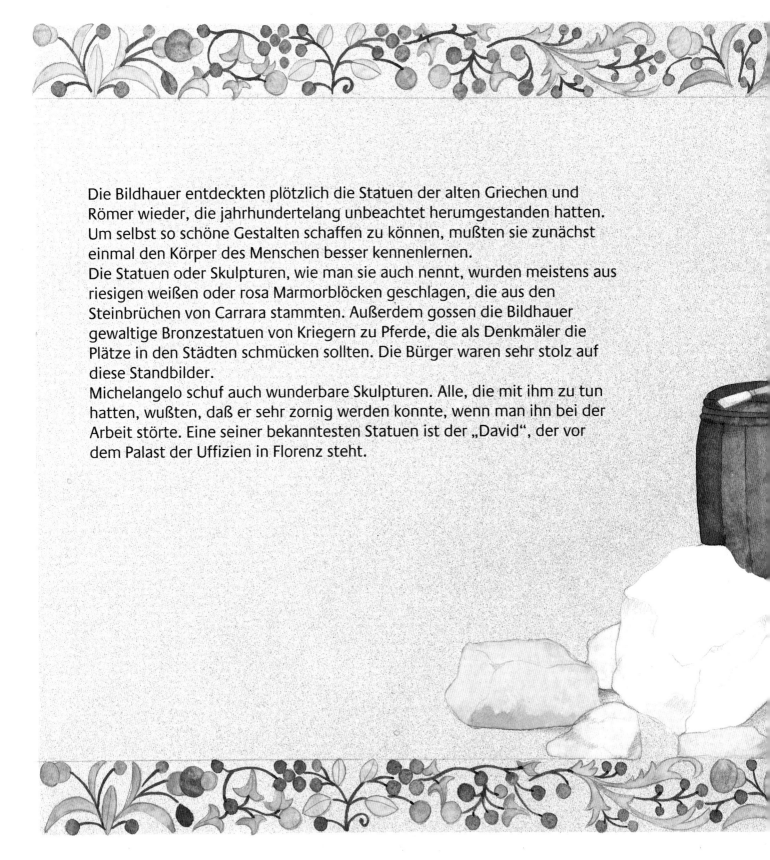

Die abenteuerlustigsten Entdecker der Renaissance wollten herausfinden, ob es die Riesen und Ungeheuer, von denen die Sagen erzählten, wirklich im Atlantischen Ozean gab. Und sie waren neugierig, welche Länder hinter dem weiten Meer lagen. Außerdem behaupteten manche Leute, daß die Erde eine Kugel sei. Einer von ihnen war Christoph Columbus.

Columbus war fest davon überzeugt, daß man auch auf dem Westweg jene indischen Inseln erreichen könne, auf denen es herrliche Gewürze gab. Hatte er recht, konnten die spanischen und italienischen Kaufleute ihre Waren über das Meer herbeischaffen und brauchten die Überfälle der feindlichen Moslems auf dem Landweg durch Kleinasien nicht mehr zu fürchten.

Columbus erreichte nach langer Fahrt tatsächlich wieder Land, und er glaubte, er sei irgendwo im Fernen Osten bei einem Volk, das noch niemand in Europa kannte. In Wirklichkeit hatte er einen neuen Kontinent entdeckt: Amerika.

Auf dem amerikanischen Kontinent hatte sich eine ganz andere Kultur entwickelt als im alten Griechenland, in Rom oder im mittelalterlichen Europa. Mächtige Könige herrschten über das Volk. Die Menschen lebten in großen Städten, und sie verehrten ihre Götter in prächtigen vergoldeten Tempeln. Sie besaßen lange, gutausgebaute Straßen und transportierten ihre Waren über große Entfernungen. Die Azteken in Mexiko, die Maya in Yucatan und die Inka in Peru besaßen ihre eigene Lebensweise. Doch die Neuankömmlinge aus Europa waren nicht alle friedlich. Viele von ihnen wollten das Gold der Inkas haben. So kam es zu schweren Kämpfen, an deren Ende die alten Völker restlos ausgerottet waren.

Hier kommen gerade Segler von einer langen Reise zurück. Sie sind zum erstenmal rund um die Welt gefahren. Das war ein sehr gefährliches Abenteuer, denn sie mußten heftige Stürme überstehen. Manchmal waren sie so ausgehungert, daß sie sogar ihre Ledergürtel aßen.
Als sie 1521 auf der philippinischen Insel Matan an Land gingen, um frisches Wasser zu holen, wurden sie von den Eingeborenen überfallen. Ihr Kapitän Magellan und viele seiner Schiffsleute kamen ums Leben. Doch zum Glück konnten die übrigen die Reise glücklich beenden.

Schon bald nach der ersten Reise um die Welt schickten die Kaufleute ihre Schiffe auf große Fahrt in die fernen Länder, um Gewürze, Seiden und wohlriechende Öle nach Europa zu holen. Kaum waren ihre Boote mit einer vollen Ladung zurückgekehrt und die Ware verkauft, bereiteten sie die nächste Reise vor, so daß sie immer reicher wurden.

Manchmal liehen sich die Kaufleute auch Geld von der Bank, um ein Schiff auszurüsten. Dafür mußten sie hohe Zinsen zahlen. Das heißt, die Banken bekamen mehr Geld zurück, als sie verliehen hatten.

So kamen durch diese Reisen noch weitere Menschen zu Reichtum oder Wohlstand.

Die Menschen der Renaissance begnügten sich nicht damit, neue Länder und Meere zu erforschen. Sie wollten auch den Himmel besser kennenlernen und erfahren, nach welchen Gesetzen sich die Sterne bewegten. Damals hatte man gerade das Teleskop erfunden, das wegen seiner zahlreichen, hintereinanderliegenden Linsen wesentlich stärker war als frühere Fernrohre. So entdeckten die Forscher neue Planeten, und sie bewiesen, daß die Sonne ein Stern ist, um den sich die Erde dreht. Mit dieser Erkenntnis zogen sie allerdings den Ärger mancher Kreise auf sich, denn nicht alle Menschen wollten einsehen, daß die Erde nicht im Mittelpunkt des Universums steht.

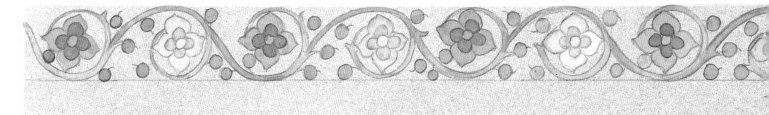

In den ersten Jahren nach der Erfindung der Buchdruckmaschine durch
Johannes Gutenberg war die Bibel das am meisten gedruckte Buch.
Der Mönch Martin Luther übersetzte sie ins Deutsche und empfahl den
Gläubigen, häufig darin zu lesen und sich nach ihren Geboten zu richten.
Später sagte sich Luther von der Katholischen Kirche los, weil er mit
einigen ihrer Vorschriften nicht einverstanden war. Um den Gläubigen
mitzuteilen, wie sich die Kirche seiner Meinung nach verhalten mußte,
heftete er am 31. Oktober 1517 seine berühmt gewordenen „95 Thesen"
an die Tür der Schloßkirche zu Wittenberg. Viele Menschen folgten Luthers
Lehre, und die Evangelische Kirche wurde gegründet. Man nennt diese
Jahre die Zeit der Reformation. Die evangelischen Christen feiern den 31.
Oktober als Reformationstag.

Im 16. Jahrhundert wurden die Menschen häufig von Unglück heimgesucht. An den Küsten litten sie unter den Überfällen der Piraten, die sie ausraubten und ihre Häuser niederbrannten.

Tausende von Menschen starben an so gefährlichen Krankheiten wie der Pest, und Unwetter vernichteten oft die Ernte. Besonders die Landbevölkerung hatte ein schweres Los. Sie waren einem Feudalherrn oder einem Kirchenfürsten untertan und längst nicht so frei wie die Städter. Deshalb zogen viele junge Leute in die Stadt, wo die Händler und die Handwerker langsam zu Wohlstand kamen.

Auch das Theater veränderte sich in der Renaissance. Die religiösen Stücke wurden nicht mehr in Kirchen oder auf Plätzen gespielt, sondern erste feste Theatergebäude entstanden.

Man kannte jetzt zwei verschiedene Arten von Schauspielen: das Drama oder die Tragödie und die Komödie.

Im Drama waren die Hauptfiguren Helden, deren Handlungen von Liebe und Haß bestimmt wurden.

Die Komödie zeigte dagegen alltägliche Menschen mit ihren Tugenden und kleinen Schwächen.

Die bekanntesten Dichter jener Zeit waren der Engländer William Skakespeare und der Spanier Cervantes, deren Dramen und Komödien überall gespielt wurde.

Einige Hinweise
für Eltern und Erzieher

Die Renaissance
Die Idee der Renaissance – wörtlich: Wiedergeburt – entstand aus dem Interesse der Intellektuellen und Künstler an der Klassik, die sie wiedererstehen lassen wollten.
Herausragende Merkmale jener Zeit waren neben dem Humanismus Wissensdrang, Unternehmungsgeist und Abenteuerlust.

Das Mäzenatentum der Medici
Die Medici in Florenz, Fürsten und Bankiers sind die typischen Mäzene der Künstler. Erster Mäzen war Maecenas, der Schutzherr der Schriftsteller und Künstler zur Zeit Augustus'. Von Florenz und Rom, wo es allgemein üblich war, verbreitete sich die Sitte, Künstler in seine Obhut zu nehmen, in alle zivilisierten Länder Europas.

Die Kunst der Renaissance
Die neuen Techniken und Themen machten sich am stärksten in der Malerei und der Bildhauerkunst bemerkbar. Die Kinder sollten mit der Biographie der größten Gestalten der Renaissance vertraut gemacht werden. Wichtiger ist noch, daß sie den Unterschied zwischen dem Mittelalter und der Renaissance begreifen.

Humanismus in der Renaissance

Im Mittelalter wurde das ganze Leben von der Religion bestimmt. In der Renaissance wird der Mensch – seine Werke und seine Schönheit – zum unumstrittenen Helden von Literatur und Kunst. Doch dieser Humanismus förderte auch die Neugier auf die Welt um ihn herum.

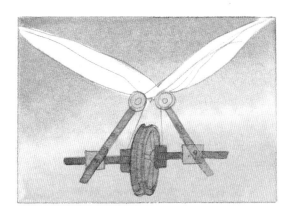

Leonardo da Vinci

Leonardo da Vinci ist vielleicht einer der intelligentesten und wißbegierigsten Menschen aller Zeiten. Er ist der Inbegriff des Universalgenies, ein Mann, der alle Künste und Wissenschaften in sich vereinte. Seine Studien über die Biologie und Botanik sind ein gutes Beispiel dafür, und seine Vorwegnahme späterer Erfindungen beweisen diese Behauptung.

Die großen Reisen

Seit der Renaissance beherrschte Europa die Welt. Nach der glücklichen Entdeckung Amerikas durch Columbus fanden Abenteuerlust sowie politisches und wirtschaftliches Streben neue Möglichkeiten der Ausweitung jenseits der Meere, die bisher die Grenze der bekannten Welt gebildet hatten.

Das vorkolumbianische Amerika
Der Zusammenstoß der Europäer mit der vorkolumbianischen Kultur war äußerst heftig. Der Grund dafür liegt in dem wirtschaftlichen Ehrgeiz der Eroberer und deren kultureller Selbstüberschätzung, die häufig zur Ausrottung der Eingeborenenkultur führte.

Luthers Reformation
Obwohl Luthers religiöse Reformation auf einer persönlichen Erfahrung beruhte, spiegelte sie auf vielen Gebieten die Auffassung der Römischen Kirche wieder, denn man muß die freie Interpretation der Bibel unbedingt auch als Ausdruck des Individualismus der Renaissance betrachten.

Cervantes und Shakespeare
Sowohl Cervantes als auch Shakespeare schufen Charaktere, die zu Prototypen wurden und in immergültiger Weise die Leidenschaften, Sorgen, Ängste und Wünsche der Menschheit widerspiegeln. Sie sind, kurz gesagt, Geschöpfe eines Genius', der die Laster und Tugenden der menschlichen Wesen interpretierte.